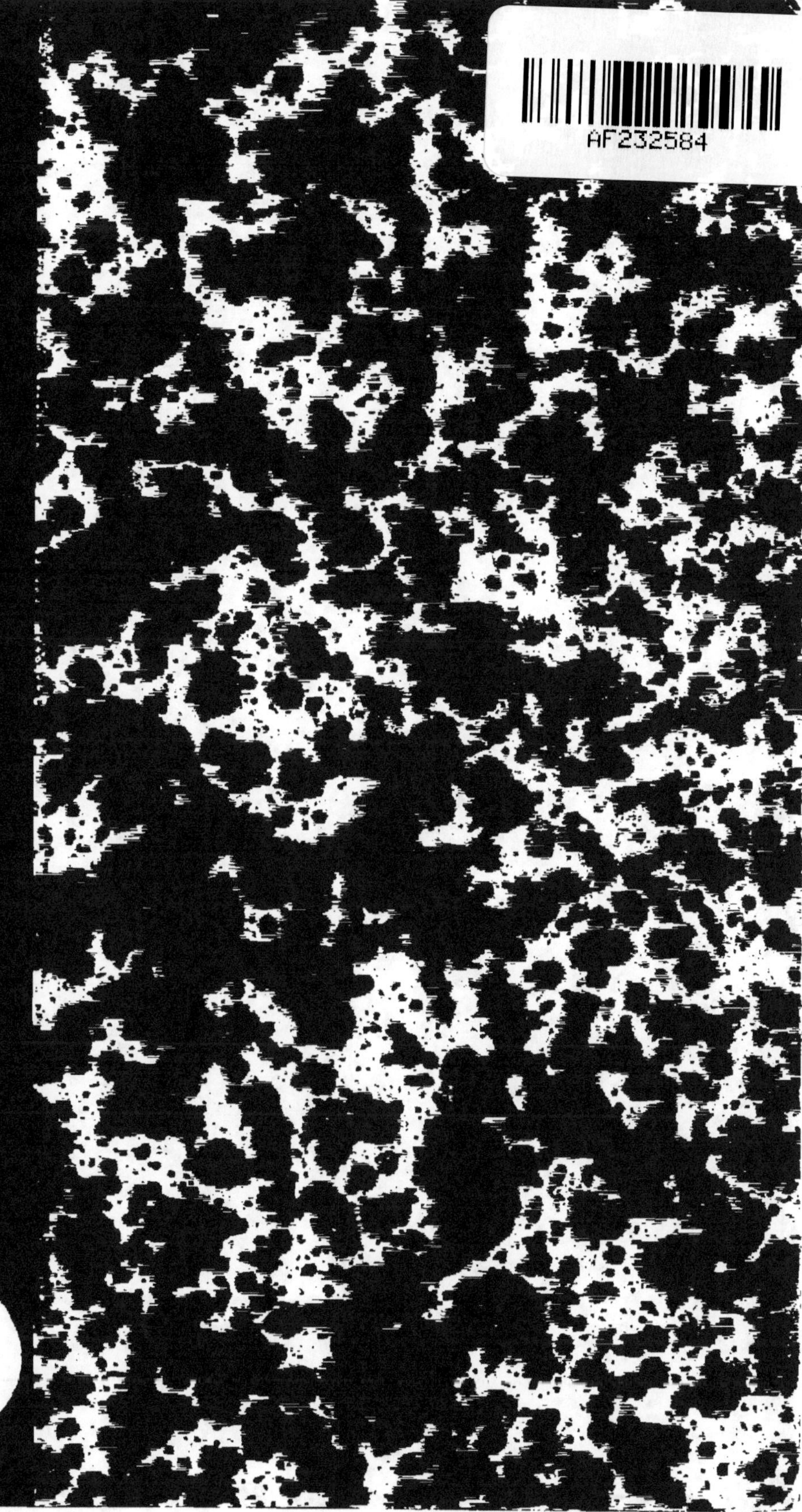

DE L'UNION

ENTRE

LES FRANÇAIS

DE

TOUS LES PARTIS.

DE L'UNION

ENTRE

LES FRANÇAIS

DE

TOUS LES PARTIS.

*Incorruptam fidem professis, nec amore quisquam,
et sine odio dicendus est.*

TACIT. *Hist.*

A PARIS,

CHEZ PÉLICIER, LIBRAIRE,

Première Cour du Palais-Royal, n° 10.

MAI 1815.

DE L'UNION

ENTRE

LES FRANÇAIS

DE TOUS LES PARTIS.

———

Ox cite ordinairement, comme une rareté, la parfaite union qui règne entre tous les membres d'une petite famille ; et pour peu qu'on pénètre dans ses secrets, on découvre toutes les difficultés qu'il a fallu vaincre pour l'établir. Ne semblerait-il pas, d'après cela, que l'union dans une immense famille, dans une nation, par exemple, soit un de ces rêves d'un bon cœur, dont la réalité devient à jamais impossible? Comment, en effet, concilier tant de milliers d'intérêts divers? Comment réunir, dans un même sentiment, tant de gens divisés par les mœurs, les habitudes, les passions, etc. ? Ces grandes questions sont-elles insolubles ?

S'il m'était permis de prononcer, je n'hésiterais pas à dire qu'elles me le semblent. Mais est-il bien nécessaire de les discuter? et ne pourrait-on pas les réduire à de plus simples termes? Sans concilier tous les intérêts, sans prétendre réunir tous les Français dans un sentiment qui devrait en faire, à la lettre, un peuple de frères et d'amis, ne serait-il pas possible de leur inspirer un sentiment public et national, et de les faire enfin arriver au même but, bien que par des routes différentes? Que le cri général soit : *Nous sommes Français ; vive la France !* et certes nous serons plus près que jamais d'être frères et amis. Nous plaiderons sans doute l'un contre l'autre, nous nous querellerons encore ; (les procès et les disputes ne finiront qu'avec le monde) mais nous ne plaiderons pas contre la France, mais nous ne combattrons pas contre notre patrie ; et si quelque grand malheur la menace, fussions-nous divisés entre nous, nous serons bientôt tous réunis pour elle.

CHAPITRE PREMIER.

DES DÉNOMINATIONS DE PARTIS.

LA philosophie a débarrassé nos écoles de ces disputes puériles qui, loin d'éclairer la science, ne faisaient que l'environner de ténèbres. N'est-il pas bientôt temps que la raison nous débarrasse de ces disputes de mots, qui, loin de réunir les hommes, ne font que les aigrir davantage ? Les Royalistes, les Républicains et les Napoléonistes sembleraient diviser tous les Français en trois classes bien distinctes, si le plus simple examen ne nous faisait voir que la plupart de ceux qui se renvoient ces dénominations comme des injures, ne se disputent que sur des mots parfaitement vides de sens.

Je veux le roi, dira le vicomte de ***, parce que lui seul me rendra mes titres, mes honneurs, mon importance, mes vassaux, mes biens; je ne veux que le roi.

Je veux le roi, dira l'évêque de ***; lui seul me rendra ma prépondérance, mes bénéfices et mes dîmes.

Vive le roi ! nous voulons le roi, crieront

mille voix en harmonie avec celles du vicomte et de l'évêque ; il nous assurera la liberté, la paix et le bonheur.

Eh ! mes amis, criez donc vive la liberté, la paix et le bonheur ! voilà ce que vous voulez. Qu'a de commun le cri de vive le roi avec tout cela ? Passe pour l'évêque et le vicomte ; le roi seul peut sans doute leur rendre leurs vassaux et leurs dîmes. C'est le roi, le roi seul dont ils ont besoin ; mais vous, qui demandez la liberté, la paix et le bonheur, encore une fois, vous n'êtes pas royalistes.

Examinons de bonne foi, et nous serons bientôt convaincus que, sur mille royalistes, il n'y en a réellement pas plus de deux qui puissent l'être sincèrement.

Vive la république ! criera certain commis, et je deviens ministre, demain.

Vive la république ! c'est le seul gouvernement qui convienne à la France, et je puis être un jour consul ou dictateur.

Ces deux républicains sont fous ; mais que sont-ils, ceux qui nous crient, de concert avec eux, « vive la république ! elle seule peut nous garantir la liberté, la paix et le bonheur ? » Ils ne sont pas républicains ; mais ils veulent comme mes prétendus royalistes.

Vive Napoléon! nous crie cet ex-sénateur ***.
Je le flatterai de nouveau ; et dussé-je le conduire encore à sa perte, je me gorgerai de richesses et d'honneurs.

Vive Napoléon ! crie le capitaine *** ; encore six campagnes, et je suis maréchal de France.

Certes, voilà deux napoléonistes enragés ; mais ceux qui crient vive Napoléon ! il nous rendra la liberté, la paix et le bonheur ; ils pensent au fond comme mes royalistes et mes républicains.

Concluons que presque tous les Français crient vive le roi, vive la république et vive Napoléon, sans s'entendre.

Serait-il donc si difficile de les engager à sacrifier des mots qui les séparent, à des choses qui pourraient les réunir ?

CHAPITRE II.

DE LA FRANCE AU DIX-NEUVIÈME SIÈCLE.

------

§ I.

Ce n'est certainement pas au vicomte de ***, à l'évêque de ***, à mes deux républicains, mon ex-sénateur *** et mon capitaine, que je prétends m'adresser. Ces gens-là ne connaissent que le roi, la république et Napoléon, ou, pour mieux dire, leur intérêt tout particulier. Que leur importe le malheur de 25 millions d'hommes, pourvu qu'ils soient riches et puissans? et que m'importe aussi qu'ils puissent ou veuillent m'entendre? Mais j'en appelle à la bonne foi de l'immense majorité des Français, qui, divisée par des mots, est, comme je crois l'avoir indiqué, réunie par les mêmes sentimens. C'est avec elle que j'examinerai rapidement l'état de la France au 19ᵉ siècle.

A la suite d'une révolution, dont il n'entre pas dans mon plan de discuter les causes, la nation française cesse d'être partagée en trois classes inégales, sous les dénominations de *clergé*, *noblesse* et *tiers-état*. On ne reconnaît, en France, que des Français, tous égaux devant les lois, et également admissibles à tous les emplois, en raison de leurs talens et de leur mérite particulier.

L'émulation s'empare de toutes les classes; et des rangs jadis condamnés à l'oubli, nous voyons sortir des officiers et des magistrats distingués. Les campagnes, débarrassées du joug de la féodalité, se peuplent de citoyens libres et heureux. Dans les villes se multiplient les écoles, et tous les moyens d'instruction publique; *Horace* et

Virgile s'étonnent de se trouver sur des comptoirs, à côté de *Barréme*. L'ancienne noblesse prononce le mot de *roture* sans pouvoir se faire comprendre, et commence à sentir combien la thèse d'un étudiant l'emporte sur un arbre généalogique.

En vain les plus grands efforts veulent repousser le siècle, et le ramener dans ses anciennes limites ; il entraîne dans son cours tous les obstacles qu'on prétend lui opposer.

Ceux qui veulent nous ramener à l'ancien ordre de choses, nous exagèrent sans cesse le prix qu'il nous en a coûté pour être ce que nous sommes ; mais aussi avec quel soin ne nous cachent-ils pas ce qu'il nous en coûterait pour retourner d'où nous sommes partis ?

Hé ! qui n'a encore présens à la mémoire tous les maux de la révolution ? Mais, puisqu'ils sont irréparables, pourquoi s'obstiner à nous les représenter toujours, et pourquoi nous fermer les yeux sur ses immenses avantages ?

1°. L'inégalité des rangs a disparu.

2°. L'instruction est offerte à toutes les classes.

3°. Tous les Français sont éclairés sur leurs droits.

4°. La religion nous console et n'est plus intolérante.

§ II.

L'inégalité des rangs a disparu.

Fière des services rendus par ses aïeux, de ses titres et de ses parchemins, une petite partie de la nation regardait l'autre comme seule passible de toutes les charges imposées par les lois; payer les impôts et fournir des soldats à la patrie, tel était jadis le devoir du peuple. Les nobles, par un privilége exclusif, ne pouvaient offrir que des officiers et des magistrats ; et si loin était poussée l'inégalité des rangs, qu'une portion de la noblesse, fidèle à ce principe sacré, *Lilia non laborant neque nent*, en méprisait une autre, qui semblait déroger en travaillant à rendre la justice, tandis que toutes deux méprisaient, à bien plus juste droit, ceux qui ne s'aggrégeaient à leur illustre corps que par le sacrifice d'une partie de leur fortune.

Tous méprisaient les marchands ; mais à l'instar de la noblesse, les marchands n'allaient pas tous de pair, et l'orgueil des *six corps* humilia plus d'une fois le pauvre *boutiquier*.

Les marchands méprisaient les artisans, les artisans méprisaient les laboureurs ; et les laboureurs, qui ne méprisaient personne, crurent assez long-temps, dans leur rustique simplicité, qu'une classe qui faisait vivre toutes les autres, leur était nécessairement bien inférieure.

Hélas! ainsi passe la vanité du monde! l'échelle des rangs est brisée, et si quelques échelons semblent encore respectés par le temps, convenons de bonne foi qu'ils portent de telles empreintes de vétusté, que ce n'est qu'au risque d'une chute qu'on pourrait hasarder d'y appuyer ses pas.

§. III.

L'instruction est offerte à toutes les classes.

Il fut un temps, aujourd'hui fort heureusement bien loin de nous, où l'héritier d'un grand nom, après avoir avec son précepteur remonté son arbre généalogique jusqu'à la première croisade, et appris, avec beaucoup de peine, que les armes de son illustre maison étaient *coupées, emmanchées de gueules et d'argent, aboutées d'autant de roses en face abaissée ; deux vaches de gueules, accornées, acolées, et clarinées d'azur, avec des chiens diffamés, accompagnés de six fleurs de lys d'azur en orle,* il fut un temps, dis-je, où notre jeune vicomte, suffisamment docte avec tout cela, pouvait percevoir, ou faire percevoir tous ses droits féodaux, et imprimer à ses vassaux le respect dû à la distance infinie qui séparait un homme de son rang, des gens de leur espèce.

En ce temps-là, le marchand savait l'addition et la soustraction, l'artisan ne savait pas lire, et le laboureur ne savait rien du tout. Mais le démon qui perdit l'homme presque dès son origine, l'ancien serpent est revenu lui souffler cette maxime empoisonnée : mange du fruit de l'arbre de la science, et tu seras l'égal de tes maîtres. Il faut convenir que la résistance des hommes fut longue, et que leur chute, pour être semblable à celle de leurs premiers parens. resta bien plus long-temps incertaine. Ceux-là même qui avaient tant d'intérêts à la prévenir, furent, par je ne sais quel vertige, les premiers à l'accélérer. Trop tard, hélas! ils voulurent l'empêcher, ils tombèrent pêle-mêle avec les autres. Trop tard encore, ils veulent nous relever, ils sont forcés de crier dans leur douleur : ci-gît l'innocence première, ci-gît la superstition, la féodalité, le cens, la taille, la dîme ; plus de serfs, plus de vilains ; sur le vaste tombeau de l'esclavage, nous ne rencontrons que des hommes.

Quelques voix nous crient encore : le peuple ne saurait supporter l'éclat de la vérité ; le mensonge est essentiel à son bonheur ; ôtez-lui ses

préjugés et vous n'en ferez qu'une foule de scé-
lérats. Sur quoi vous fondez-vous, sophistes
malheureux? l'erreur est la sauve-garde des
peuples! et la vérité leur serait dangereuse! En
avez-vous jamais fait l'expérience? Ouvrez l'histoire des siècles de ténèbres, et dites-nous si les
détails des crimes les plus atroces ne vous fe-
ront pas reculer d'effroi? Qui pourrait nier l'a-
doucissement des mœurs depuis le progrès des
lumières? Objectera-t-on les crimes des révolutions modernes? mais ils furent le résultat
d'un délire momentané, et les siècles de bar-
barie n'offrent qu'un délire perpétuel. Sans d'ailleurs excuser les écarts de ces révolutions, ne
sommes-nous pas forcés de convenir que la plupart présentent des motifs honorables pour l'espèce humaine? Nous avons vu des peuples se
soulever pour conquérir leurs droits sur lesquels ils étaient mieux éclairés; les hommes se
roidir contre leurs oppresseurs, et arracher le
masque qui couvrait encore la tyrannie et la
superstition; nous avons vu enfin des esclaves
redevenir libres, en brisant leurs chaînes, tandis que les siècles d'ignorance ne nous ont of-
fert que des esclaves les resserrant davantage,
et s'entr'égorgeant pour le seul intérêt de leurs
maîtres. Prédicateurs de l'ignorance, vous n'en

ʿmposerez plus à l'espèce humaine, l'arbre de la science n'est plus sous votre garde, et qui le veut maintenant, peut en cueillir les fruits.

§. IV.
Tous les Français sont éclairés sur leurs droits.

Tous les Français sont devenus raisonneurs. Au grand détriment des raisonneurs privilégiés, la lumière a pénétré dans les endroits les plus obscurs. Les intéressés ont beau nous dire croyez et n'examinez pas, tout le monde examine aujourd'hui, et le plus simple des villageois sait bien que Monseigneur doit tout comme lui fournir aux besoins de la nation ; et que les droits d'un homme, quelles que soient d'ailleurs sa naissance et sa fortune, ne sauraient être différens de ceux d'un autre. Le simple bon sens aurait dû nous l'apprendre, il y a bien des siècles : mais comment pouvait-il arriver, quand tant d'obstacles se pressaient sur sa route ?

Il est enfin parvenu jusqu'à nous, il ne nous quittera plus ; la science de la raison se grave difficilement dans les têtes humaines, mais aussi elle est ineffaçable, ses principes sont simples et clairs, et la mémoire s'en conserve d'âge en âge.

Tous les hommes sont égaux devant la loi, voilà ce que tous les hommes savent aujourd'hui : cette vérité n'est pas un privilége *octroyé* par leurs maîtres, elle est la conquête de leur raison éclairée, nulle puissance désormais ne saurait la leur ravir, elle est la science du plus pauvre, comme du plus riche des Français ; et tous se réuniraient, s'il était besoin de la défendre.

La seule inégalité qu'on soit forcé de reconnaître, est celle des talens et des vertus ; précieuse inégalité, motif toujours puissant d'une noble émulation, et de laquelle seule doivent naître désormais parmi nous, les hommes dignes de nous commander, et de défendre nos droits.

§ V.

La religion nous console et n'est plus intolérante.

Il y aurait autant d'injustice d'accuser la religion des maux produits par le fanatisme, qu'il y en a aujourd'hui de vouloir rejeter sur la philosophie les excès de notre révolution. Nul doute que les mœurs dépravées de bien des chrétiens, les guerres féroces dont la religion fut le motif, l'odieux établissement de l'inquisition, et l'intolérance d'une partie du clergé, n'aient fourni de terribles armes à l'incrédulité ; mais malgré les attaques nombreuses des impies, nous sommes forcés d'admirer le triomphe de l'évangile ; malgré les longues et nombreuses persécutions des payens ; malgré les coups plus terribles encore que lui portèrent les faux chrétiens , nous le voyons arriver jusqu'à nous , brillant encore de la clarté première.

Le progrès des lumières assure pour jamais le triomphe de la religion. Ne craignons pas de le dire, l'ignorance ne saurait lui garantir ses droits : à force de vouloir trop étendre cette maxime, *croyez et n'examinez pas* , on n'a fait qu'augmenter le nombre des incrédules. La religion était-elle triomphante alors qu'on l'offrait à la crédulité des peuples, moins par l'attrait des douceurs qu'elle promettait à l'homme , que par la terreur des châtimens affreux dont elle le menaçait ? Et ce qu'on obtient par la persuasion vaut-il moins que ce qu'on arrache par la violence ? Etait-elle triomphante alors que , dominant sur des peuples stupides, ses ministres semblaient redouter si fort le moindre examen de leur doctrine et de leur conduite ?

L'ouvrage du ciel fut trop long-temps défiguré par quelques hommes ; il était temps enfin que le triomphe de la raison amenât celui de la foi, et que le royaume du ciel ne fût plus le partage exclusif des pauvres d'esprit, (1) mais de tous les gens éclairés et simples de cœur seulement.

Disons quel est aujourd'hui l'état de la religion en France.

Les prêtres sont rappelés à la pureté première de leurs mœurs, et le scandale du clergé ne peut plus être un sujet de murmure contre elle.

La liberté des consciences, en laissant Dieu seul souverain juge des cœurs, détruit à jamais cette funeste intolérance, si injustement reprochée à la religion, qui ne l'autorisa jamais, et qui, au contraire, en déplora toujours sincèrement les excès, nés de l'ambition et de la perfidie de quelques-uns de ses ministres.

La piété n'est plus la fille de l'ignorance, elle l'est de la persuasion; en vain nous entendons déclamer tous les jours contre le petit nombre des fidèles ; nous pouvons répondre : Il est

____

(1) En prenant tout à la lettre, que de chrétiens pourraient s'arrracher l'œil et se couper le bras! Mais ce n'est pas là l'esprit de l'Evangile.

moins nombreux sans doute ce troupeau d'im-
bécilles qui croyait aveuglément aux prêtres,
qui achetait si cher leurs indulgences, leur
donnait ses biens avec tant de profusion, en-
tretenait leur luxe avec tant de zèle, et baisait
leurs amulettes avec tant de simplicité; mais le
nombre de ceux qui croient en Dieu aug-
mente tous les jours, et la seule raison conduit
l'homme à la foi.

§ VI.

Je n'ai pas prétendu présenter un tableau
complet de la France au 19ᵉ siècle, je n'ai voulu
qu'indiquer le chemin à tout observateur judi-
cieux; les vérités que je n'ai fait qu'ébaucher
conduiront à d'autres encore, d'où l'on tirera
facilement la conséquence que notre siècle est
réellement le siècle des lumières; elles sont
maintenant répandues sur un si vaste espace,
et leur dépôt sacré est confié à un si grand
nombre, que sa possession en est garantie pour
jamais. Comment expliquer cependant la résistance de certains hommes qui affectent encore
de fermer les yeux à tant d'éclat, et qui, dans
leur triste manie, nous soupirent continuelle-
ment de si injustes regrets des temps de l'ignorance! Qu'ils se rangent à côté de nos roya-

listes, de nos républicains et de nos napoléonistes : tous ces gens-là sont des gens de parti,
et le seront toujours ; ne leur parlons jamais
raison, ils ne sauraient l'entendre ; mais félici-
tons-nous de leur rareté : leur nombre est en
effet si petit, qu'il ne saurait jeter d'ombre sur
la vérité !

Ceux qui font chorus avec les gens de parti
ne sont que dans l'erreur, mais n'y sauraient
rester long-temps. Adressons-nous à leur ju-
gement et à leur bonne foi, gardons-nous de
les chicaner sur des mots qui ne peuvent que
les endurcir ; mais présentons-leur simplement
des faits sur lesquels ils demeureront bientôt
d'accord avec nous.

Je ne crois pas l'examen que je me propose
étranger à mon sujet : voyons ce que pouvait
espérer la France du gouvernement de 1814,
et ce qu'elle peut attendre aujourd'hui de celui
de 1815. Les noms de Louis et de Napoléon
doivent être totalement étrangers à cette dis-
cussion. Encore une fois, je suis Français, vive
la France !

CHAPITRE III.

DE CE QUE POUVAIT ESPÉRER LA FRANCE SOUS LE GOUVERNEMENT DE 1814.

Les institutions féodales, l'inégale répartition des impôts, les priviléges exclusifs de certaines classes, et tant d'autres abus encore, ont disparu : ce ne fut malheureusement que la suite d'un choc terrible de tous les divers intérêts, et la violence fut obligée d'arracher ce que la justice ne pouvait obtenir. Depuis ce temps la lutte, pour conserver des droits nouveaux, fut presque continuelle ; combien de fois les vaincus n'essayèrent-ils pas de ressaisir la victoire ? Les trahisons, les conspirations, tous les ressorts de la perfidie, furent les armes contre lesquelles la France eut tant de fois à se défendre, et dont elle triompha à la fin. Des hommes égarés par leurs passions, et devenus d'autant plus furieux, que leur orgueil avait été plus cruellement offensé, abandonnèrent une patrie qui, pour prix de quelques sacrifices, leur offrait tous les avantages dont pussent être jaloux des hommes libres et généreux. Au mépris de leurs frères, ils préférèrent garder chez des peuples étrangers ou ennemis, la haine qu'ils portaient à leur patrie nouvelle, et attiser dans leur cœur le feu de la vengeance. Leurs longs malheurs ne purent guérir la plaie profonde faite à leur amour-propre, l'expérience ne pouvait rien leur apprendre, et le temps ne sut rien leur faire oublier.

Leur retour en France, à la suite des armées de l'Europe liguées contre nous, nous ramena nos anciens maîtres avec leurs anciennes prétentions et leurs vieux préjugés. J'en appelle à tous les Français : en est-il un seul qui ne leur imposait dans son cœur la condition de revenir des hommes nouveaux, de ne rapporter que l'oubli du passé, et de se mettre à la tête du siècle et de la liberté ? Quel Français eût consenti à les recevoir, si on lui eût dit : tu reverras les hommes de 1789 ? Et qui cependant ne fut pas étonné des nouvelles doctrines qui se propagèrent alors ?

Ils sont à peine revenus, et déjà les rois sont proclamés les maîtres absolus des peuples. Ils vont régner sur la France comme sur une propriété ; les Français ne seront comptés que comme faisant partie du sol ; on les accusera de vingt années de rébellion ; ce qui faisait la gloire de la nation va faire aujourd'hui sa honte.

Des monumens seront élevés aux armes de ceux qui combattirent contre elle : ceux-là seuls, et ceux encore qui abandonnèrent la patrie, auront suivi la ligne droite ! Les autres ne seront ramenés au but qu'après avoir dévié du chemin de l'honneur. Est-ce le plus grand nombre qui tient ce langage ? non, certes ; mais le faible parti, vaincu hier encore, et qui se proclame aujourd'hui vainqueur. Quelques milliers d'hommes ne sont pas rentrés en France pour y vivre sous la commune loi, mais pour en *octroyer* une nouvelle. La liberté dont nous jouirons désormais sera le bienfait de nos maîtres ; ils savent, et nous devons savoir que leur volonté est absolue ; mais ils daignent la plier un peu à nos mœurs dégénérées. De ces rangs qu'égalisait notre nouveau Code, nous allons voir sortir, comme par miracle, nos anciens ducs, comtes, vicomtes, marquis et chevaliers ; ils vont augmenter le nombre de ceux qu'un reste d'esclavage souffrait encore parmi nous. Mais ne craignons rien ; ils ne redemandent pas encore leurs priviléges, ils se contenteront de qualifications qui pourtant ne seraient rien sans cela.

Et cependant, ils nous promettent que nous serons tous égaux devant la loi ; que nous ex-

primerons librement nos pensées ; que nos braves seront choisis dans les rangs , nos magistrats
parmi les hommes instruits , sans égard à la
naissance ; qu'ils oublieront ces biens qui furent
jadis leurs propriétés, pour en laisser jouir pai-
siblement les nouveaux acquéreurs. Et comment , quand ils ne peuvent sacrifier à la raison
de vains mots et de ridicules épithètes , nous
persuaderont-ils qu'ils sacrifieront tant de choses à leur intérêt ?

Devons-nous maintenant nous étonner des
inquiétudes répandues chez presque tous les
Français ? Avons-nous réellement le droit de
les blâmer ? Et qui pourrait trouver un juste
sujet de les faire taire ?

Ils ne demandent que des titres ; c'est parce
qu'ils sont encore faibles : attendez qu'ils soient
forts, ils combattront pour des priviléges. Qui
pourrait à cela répondre négativement ? Vaine
terreur, viendra-t-on nous dire ; et quand même
vos craintes pourraient avoir quelque fonde-
ment, leur faiblesse ne vous garantit-elle pas la
liberté ? Leur lutte serait-elle un seul instant
douteuse ?

Prétendrait-on nous rassurer ainsi ? Quoi !
vous supposez donc que nous aurons à com-
battre pour nos droits ? Un gouvernement

assuré sur ses nouvelles bases , ses créatures commandant nos armées, et interprétant nos lois , tels sont les légers obstacles que vous nous présentez comme si faciles à vaincre ! Mais en existait-il d'autres avant la révolution ? Vous qui nous peignez ses hideux et déplorables excès , ne sentez-vous pas qu'une nation, qui les a encore si présens à sa mémoire , supporterait plutôt le joug du despotisme que de renouveler tant d'horreurs ! Mais je vous entends; eh bien ! nous le supporterons. Oui, sans doute, c'est là où vous voulez nous ramener ; vous savez trop bien , hommes de partis , qu'on ne lutte pas deux fois avec le même avantage, et que celle-ci vous assurerait enfin ce que vous convoitez depuis si long-temps , et ce que vous prétendez nous enlever avec tant d'adresse !

Bien des Français m'entendent; bientôt tous m'entendront : qu'ils examinent de quel côté est la ruse , et de quel côté la bonne foi , et bientôt vous ne leur en imposerez plus.

Une charte toute nouvelle et déjà violée ; l'armée traitée avec mépris ; la noblesse laissant paraître le commencement de son gothique orgueil ; le clergé souriant à l'espoir de son antique prépondérance , etc. , etc., etc. Voilà bien des abus sur lesquels je ne m'arrêterai pas davantage ; je n'ai pas la prétention de présenter mon opinion pour règle : trop heureux, si je puis indiquer la route de la vérité, et faire naître dans le cœur de mes compatriotes des réflexions qui pourront facilement les y conduire.

Ne disputons plus sur des mots, mais raisonnons sur des faits, et souvenons-nous toujours, qu'avant d'être l'homme de tel ou tel chef, nous sommes des enfans de notre patrie et citoyens français.

CHAPITRE IV.

DE CE QUE PEUT ATTENDRE LA FRANCE DU GOÙVERNEMENT DE 1815.

Les hommes de 1814 combattirent jadis contre nos droits nouveaux ; la plupart de ceux de 1815 combattirent avec nous, pour en assurer la conquête. Les premiers n'étaient libres que par notre esclavage, les seconds ne le sont devenus que par notre liberté. Leur intérêt est de la conserver, et plus encore peut-être, leur intérêt n'est pas de la détruire : ils sont comme nous propriétaires des biens nationaux, et comme nous ils doivent les défendre contre l'antique noblesse et contre le clergé. Ils sont sortis de nos rangs pour monter aux honneurs et aux dignités, ils ne peuvent nous offrir que des sujets d'émulation ; ils doivent trembler comme nous, sur ces droits de naissance, qui ne laissent au mérite obscur que le désespoir de ramper dans l'oubli.

Mais ces hommes de la révolution sont-ils purs ? nous rappellent-ils les vertus des antiques républicains ? ne sont-ils pas au contraire pour la plupart souillés de crimes ? n'est-ce pas sur nos dépouilles qu'ils ont fondé leurs fortunes ? et pouvons-nous bien dormir tranquilles, quand de telles gens veillent pour conserver nos droits ? A la place de ceux de Paris, mettez les révolutionnaires de Coblentz, et soyez de bonne foi ; les mêmes questions ne pourraient-elles pas se faire ?

Gardez-vous de répondre légèrement ; la plupart de ceux à qui je m'adresse ont vu Paris, mais n'ont pas vu Coblentz.

Ces questions d'ailleurs ne sont-elles pas plus insidieuses que justes ? en quel temps le dépôt de nos droits ne fut-il confié qu'à la stricte vertu ? Ce n'est qu'à de longs intervalles seulement que l'histoire nous présente un Sully.

Ils le savent tout aussi bien que nous, ceux qui nous pressent par de pareilles questions. Ce n'est pas à la vertu qu'ils prétendent nous soumettre, mais bien à leur intérêt. Il sera vertueux, celui qui fera pencher la balance de leur côté, et c'est alors qu'ils nous étonneront par leurs réponses à nos plaintes; mais prévenons-les nous-mêmes, et disons-leur avec assurance:

Ces hommes que vous accusez avec tant de fureur, et dont vous recherchez les moindres écarts avec tant de scrupule, ces hommes ont vécu dans les temps orageux de la révolution. Placés en avant sur la scène, leur délire a paru plus éclatant au milieu du délire général. Mais enfin ils ont sauvé la patrie, ils ont sauvé la liberté; ceux qui combattaient contre elle ont-ils montré plus de modération? ont-ils reculé devant moins de crimes? Et les Français rougiront-ils davantage des excès de leurs défenseurs, que de ceux de leurs ennemis?

Qui ne voit que vous déplorez d'anciens malheurs pour en susciter de nouveaux? vous provoquez des crimes certains pour en venger de douteux; et vous sauriez bien justifier les horreurs d'une révolution nouvelle qui réparerait pour vous seuls les torts de la dernière.

Pour nous Français, sans nous abuser sur le

compte de tous, nous savons que plusieurs de nos compatriotes sont arrivés purs jusqu'à nous. La calomnie voudrait en vain ternir l'éclat de leurs vertus; si elles furent sévères, d'illustres exemples ont pu les autoriser; si elles furent redoutables, ce ne fut jamais pour la France, il en est qu'elle peut nommer avec orgueil, et qui vivront éternellement dans le cœur de ses enfans.

Les hommes qui remontèrent sur la scène en 1814, nous sont tous connus;

Ceux qui l'occupent en 1815 nous le sont pareillement;

Quand il s'agit de reculer d'un siècle, ou de suivre le nôtre, le choix pourrait-il être douteux?

Il ne s'agit pas de répondre légèrement: mais les hommes de 1814 ne voulaient pas nous ramener en arrière. Il faut prouver qu'ils ne le voulaient pas, et que tout ce qu'ils ont fait n'y tendait en aucune manière.

Pour donner une juste préférence au gouvernement d'hier sur celui d'aujourd'hui, il faut prouver qu'il garantissait davantage:

La liberté individuelle;

La liberté de la presse;

L'égalité parmi les citoyens;

Les propriétés nationales ;

La subordination du clergé ;

La représentation nationale ;

La liberté des cultes, etc.

Mais il ne faut pas dire : le gouvernement de 1815 est le même que celui de 1813, car alors on laisserait voir que l'on est de mauvaise foi, ou que l'on est incapable d'examiner sainement. Un homme de parti ne manquera pourtant pas de répondre cela malicieusement, mais nous ne répondrons rien, car un tel homme cherche plutôt à disputer qu'à s'instruire.

En parlant des deux derniers gouvernemens, je me suis abstenu d'en nommer les chefs : je pense que le sort d'une nation dépend davantage de ceux qui sont placés au timon des affaires, que de celui qui les commande. Nous les avons vu naguère perdre par leur faiblesse un prince trop puissant ; nous les avons vu dernièrement perdre par leur force un prince beaucoup trop faible : et c'est toujours le peuple qui paie de pareilles fautes. Mon intention d'ailleurs n'étant que de concilier, je devais éviter des mots qui pouvaient désunir et peut-être donner quelque lieu de suspecter mon impartialité.

Si l'on a pu me lire avec quelqu'attention,

et éprouver un peu de ce calme qu'il me serait si doux de faire naître, j'ai la confiance qu'on voudra bien me suivre dans le rapide examen que je me propose de la position actuelle de deux hommes qui prétendent avoir des droits égaux au trône ; l'un vient de le quitter, et l'autre de le reprendre.

CHAPITRE V.

DE LOUIS XVIII, AU MOIS DE MAI 1815.

———

JE ferai plus de questions que je ne prétends en résoudre ; c'est à la franchise et à la sincérité que j'en appelle, elle seule doit répondre ; je ne prétends pas être juge et partie. Qu'un Français consulte la justice et son amour pour la France, et je serai fier d'avoir deviné sa pensée.

Le Roi de France a quitté sa capitale le 19 mars 1815 : il est allé chez des rois étrangers implorer leur secours contre des sujets *rebelles.*

Qui sont-ils, ces sujets rebelles ?

N'est-ce pas l'armée entière ? plusieurs départemens ? une grande partie des campagnes ?

une partie des grandes villes? tous les fonction-
naires qui ont prêté un nouveau serment?

Combien de gens se sont-ils armés pour le
Roi de France? quelle partie de la France est
levée en sa faveur? D'ailleurs lui-même va nous
aider à connaître la force de ces rebelles; c'est
avec douze cents mille hommes qu'il prétend
reprendre un trône qu'une faction lui dispute.

Je suppose un Français plein d'amour pour
sa patrie, et qui parlerait de la sorte au roi de
France :

Sire, avez-vous bien consulté votre cœur,
avant de préparer à votre patrie une guerre aussi
cruelle? Quoi! c'est pour exaucer vos vœux
que des hordes étrangères vont se précipiter
dans la France! Au lieu de prévenir les maux
qui nous menacent, c'est vous qui les appelez
sur nos têtes! Et vous voulez qu'à tant de fureurs nous reconnaissions notre père! Notre
père, grands Dieux! ah! si vous l'étiez en effet,
nous vous entendrions crier aux rois de l'Europe (car vos entrailles seraient émues de ten-
dresse), laissez lui, je vous en conjure, mes enfans vivans, et ne les tuez point. Combien donc
le bonheur que vous nous offrez est-il plus grand
que celui dont nous pourrions jouir sans vous,
puisqu'il ne vous paraît pas trop payé par le sang

de la moitié de nos frères? Mais non, roi de France, vous n'êtes pas notre père ; c'est votre propriété que vous voulez reprendre ; et vous criez avec la marâtre de l'Ecriture, qu'on les divise plutôt, et que ni l'un ni l'autre n'en jouisse (1).

Le trône est à vous, parce qu'il est l'héritage de vos pères? Sire, on peut léguer des champs et des troupeaux ; mais aujourd'hui, on ne saurait léguer des hommes, et si vous n'avez d'autres droits pour régner sur nous, gardez-vous bien de les mettre en avant. Pour notre bonheur et pour votre sûreté, évitez un sceptre qui se briserait encore, peut-être avec plus de fracas.

Si la véritable gloire vous tente réellement, elle peut vous offrir encore de l'éclat ; vous ne sauriez être roi, sachez devenir homme ; et que le descendant de Henri IV étonne l'univers par ses vertus et non par ses fureurs.

Français, cette voix n'a pas encore retenti

---

(1) Dixit autem mulier, cujus filius erat vivus, ad regem : (commota sunt quippe viscera ejus super filio suo) obsecro, Domine, date illi infantem vivum et nolite interficere eum. Econtrariò illa dicebat : Nec mihi, nec tibi sit, sed dividatur. *Liber regum, Lib. III, Chap. III, vers.* 26.

dans le cœur de Louis XVIII, on ne l'a pas
ému ; si nos cités sont détruites, si nos frères
sont massacrés, il reprendra son trône, il ré-
gnera...... c'est son métier.

DE NAPOLÉON, AU MOIS DE MAI 1815.

Je ne dois faire entendre ni l'éloge ni le blâme,
c'est aux Français, quels que soient les mots qui
les divisent, que je vais m'adresser ; c'est à leur
raison, et à leur bonne foi de me répondre ; je
répète bien souvent ces mots raison et bonne
foi, mais on ne saurait trop les réveiller dans
les cœurs, quand tant de gens se font un devoir
de les endormir pour les surprendre plus facilement.

Un odieux tyran, chassé de sa patrie par la
force des peuples et par la haine de ses conci-
toyens, reparaît seul après onze mois d'absence ;
il vient reprendre son trône, il vient renverser
un gouvernement qui faisait le bonheur de la
nation. Et quoi ! la France entière ne se lève
pas pour le repousser ? Ses torts sont-ils effacés
de la mémoire ? Bien plus, il s'avance au milieu
des acclamations ? Cette armée, qu'on nous dit
qu'il abandonna tant de fois ! vole à sa rencontre,

s'enorgueillit de le revoir, et tressaille d'allégresse au souvenir de son antique gloire! Ces campagnes qu'il dépeuplait l'accueillent en sauveur, et poussent des cris de joie et d'espérance; il remonte sur son trône, et déjà il ne reste plus la moindre trace du gouvernement si chéri!

Il y aurait là de quoi confondre la raison, si la raison ne venait nous apprendre que ces cris d'odieux tyran, de monstre, et d'homme exécrable, ne sont que des cris d'une rage impuissante, et ne sauraient être l'expression d'un noble sentiment. Pardonnons-les au délire d'un moment, à l'amour-propre piqué au vif : depuis long-temps, ils ont cessé de se faire entendre, et si quelques bouches s'en souillent encore, nous savons le cas que nous en devons faire.

Si nous comptons les torts, pourquoi ne pas compter les bienfaits?

Quant à la légitimité, un homme libre oserait-il la mettre en question? et condamnerait-il Napoléon pour des crimes qu'il excuserait dans Louis XIV?

Ne voyons pas ce que nous voulons absolument voir, mais voyons ce qui est réellement.

Napoléon est sur le trône, pouvons-nous l'y

voir comme un chef de rebelles? La France entière est rangée sous ses lois; à sa voix, des milliers de braves se lèvent pour briser les fers que
l'Europe vient nous offrir encore! Ils assurent en
vain ces rois orgueilleux, que ce n'est pas contre la nation qu'ils combattent, que c'est seulement contre son chef, qu'ils font marcher des
armées innombrables; mais la voix de l'honneur crie avec tous les vrais Français : ce chef
que vous prétendez nous ravir, ce chef dont
le nom vous fait encore trembler, ne nous en
devient que plus cher, nous sommes fiers de la
haine que vous lui portez; trop long-temps pour
vous, il nous a rendus redoutables ; il vous en
faut un autre qui vous garantisse mieux notre
faiblesse. Nous ne balancerons pas entre l'esclavage et la liberté, nous voulons la paix et
l'honneur ; mais nous défendrons un prince que
nous avons choisi, et nous mourrons, s'il le
faut, pour repousser le joug d'un homme qui
mendie à genoux, vos humilians bienfaits, et
que vous prétendez nous imposer ; moins pour
l'élever jusqu'à vous, que pour nous rabaisser
jusqu'à lui. Qui pourrait fermer les yeux au spec-
tacle imposant qui se développe devant nous?
Napoléon régne comme s'il n'eût jamais cessé de
régner; à sa voix, tout s'organise pour la dé-

fense commune, le peuple nomme sés représentans, et de tous côtés, ils s'apprêtent à venir discuter les droits de la nation ; le calme le plus parfait règne dans toute la France, la confiance renaît partout, la guerre injuste que nous prépare l'Europe, qui pâlit encore une fois à l'aspect de notre grandeur future, excite sans doute notre indignation, mais ne saurait nous inspirer de terreur. Napoléon est à notre tête, la liste de ses victoires peut s'augmenter encore, et l'Europe comprendra, mais trop tard, pourquoi nous n'abandonnons pas l'homme de Marengo, d'Austerlitz, d'Iena et de Friedland.

CONCLUSION.

COMBIEN les gens de partis de tous les siècles auraient à rougir de leurs jugemens, si, pouvant aujourd'hui revenir parmi nous, ils apprenaient ceux que la postérité, toujours juste, a définitivement portés ! Et quoi ! verra-t-on toujours l'amour-propre ou la haine nous fermer les yeux aux lumières les plus vives du sens commun ? Et préférerons-nous toujours l'orgueil de lutter contre la vérité, à la gloire de nous y soumettre ? Combien ne voyons-nous pas de gens parmi nous qui ne s'obstinent à défendre leur parti, que par la fausse honte qu'ils auraient à le quitter ? Disons-le, leur cœur est déjà vaincu ; mais leur esprit seul refuse de se soumettre, ils tremblent devant les plus légers traits du ridicule, et bravent les redoutables traits de la justice et de la raison !

Combien est-il de gens qui croient sincèrement que la postérité portera sur Napoléon les jugemens qui se prononcent contre lui dans quelques salons ou dans quelques coteries ? On pourrait répondre qu'il n'en existe pas, si l'on n'était forcé, à la honte de l'humanité, d'avouer

qu'il y a parmi les hommes des esprits extrême-
ment bornés, des individus d'une prodigieuse
ignorance. Mais à la gloire de cette même humanité, disons qu'il n'en existe que bien peu,
et que ce petit nombre peut seul augmenter
celui des intéressés à faire des dupes parmi les
gens dont ils méprisent eux-mêmes le juge-
ment, mais dont ils peuvent tirer au besoin
quelques services.

Chaque jour ramènera parmi les vrais pen-
seurs, les hommes qui ne sont qu'exagérés; et
la honte de céder un peu tard ne l'emportera
pas sur la douceur de céder à la conviction;
le torrent de l'erreur nous emporte rapidement,
mais un homme courageux peut enfin en at-
teindre les bords; et, rentré dans le sentier de
la vérité, il a moins à rougir de ses écarts qu'à
s'enorgueillir de les avoir abandonnés.

Consultons nos cœurs, et bientôt nous crie-
rons d'une commune voix : Nous sommes Français, vive la France ! Elle est menacée, levons-
nous. Napoléon est à notre tête, lui seul peut
la sauver encore.

FIN.

PARIS, DE L'IMPRIMERIE D'ADRIEN ÉGRON,
rue des Noyers, n° 37.

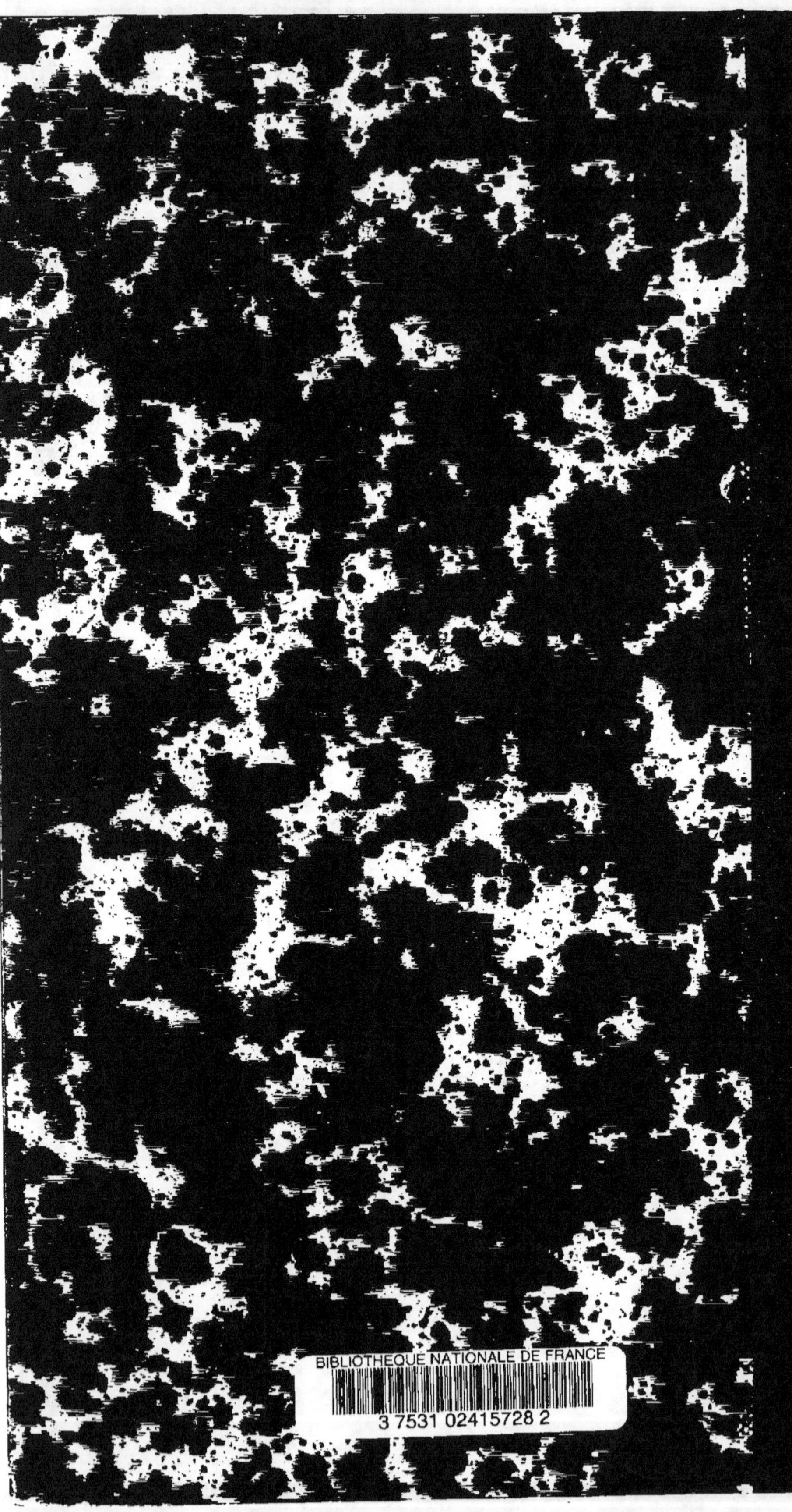